Leserabe

1. Lesestufe

Markus Grolik • THiLO • Henriette Wich

Fabelhafte
# Elfengeschichten
für Erstleser

Mit Bildern von Betina Gotzen-Beek,
Markus Grolik und Almud Kunert

Ravensburger Buchverlag

Bibliografische Information der Deutschen Nationalbibliothek:

Die Deutsche Nationalbibliothek verzeichnet diese Publikation
in der Deutschen Nationalbibliografie.
Detaillierte bibliografische Daten sind im Internet
über **http://dnb.d-nb.de** abrufbar.

1 2 3   14 13 12

Diese Ausgabe enthält die Bände
„Elfengeschichten" von Henriette Wich mit Illustrationen von Betina Gotzen-Beek,
„Im Elfenwald" von THiLO mit Illustrationen von Almud Kunert und
„Elfi Zauberfee und das Einhorn" von Markus Grolik mit Illustrationen des Autors.
© 2011, 2010, 2011 Ravensburger Buchverlag Otto Maier GmbH

Ravensburger Leserabe
© 2012 Ravensburger Buchverlag Otto Maier GmbH
für die vorliegende Ausgabe

Umschlagbild: Betina Gotzen-Beek
Umschlagkonzeption: Anna Wilhelm
Printed in Germany
ISBN 978-3-473-36277-6

www.ravensburger.de
www.leserabe.de

# Inhalt

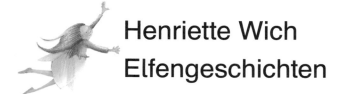

Henriette Wich
Elfengeschichten                    5

THiLO
Im Elfenwald                        49

Markus Grolik
Elfi Zauberfee
und das Einhorn                     93

Henriette Wich

# Elfengeschichten

## Mit Bildern von Betina Gotzen-Beek

# Inhalt

Der Aufräum-Zauber     8

Elfen gibt es nicht, oder?     17

Stella traut sich doch     25

Wenn zwei sich streiten     35

Leserätsel     46

# Der Aufräum-Zauber

Spielen ist toll,
Aufräumen ist doof.

Juli weiß das.
Mama weiß es leider nicht.

8

Heute muss Juli
schon wieder aufräumen.
„Mist, Mist, Obermist!",
schimpft Juli.

**9**

Plötzlich kichert jemand hinter ihr.
Juli fährt herum.

Auf der Fensterbank sitzt
ein winziges Mädchen mit Flügeln.
„W… wer bist du denn?",
fragt Juli.

Das Mädchen fliegt zu Juli hinüber
und zwitschert: „Ich bin eine Elfe,
und ich liebe Aufräumen.
Soll ich dir helfen?"
„Was? Äh … ja, klar!", sagt Juli.

Die Elfe zückt ihren Zauberstab.
Julis Spielsachen wirbeln
durch die Luft.

Schon liegen sie ordentlich
nebeneinander im Regal.
Juli ruft: „Hurra! Danke!"

„Warte", sagt die Elfe.

„Ich bin noch nicht fertig."

Sie richtet den Zauberstab auf Juli.

Plötzlich dreht sich alles
in Julis Kopf wie ein Karussell.

Und – zack! – sitzt Juli
auf dem obersten Regal.

Die Elfe klatscht in die Hände.
„So, jetzt ist alles aufgeräumt!"
Juli muss lachen.

Da kommt Mama rein.

„Du warst ja schnell, Juli!

Aber was machst du denn da oben?"

Mama streckt die Arme aus
und fängt Juli auf.

„Tschüss!", zwitschert die Elfe
und fliegt zum Fenster hinaus.

„Hast du was gesagt, Juli?",
fragt Mama.
Juli schüttelt den Kopf. „Ich? Nö!"

# Elfen gibt es nicht, oder?

Sara mag Leni, sehr sogar.
Doch Leni sagt immer:
„Elfen sind ja ganz nett,
aber die gibt es
natürlich nur im Märchen."

Sara sagt: „Stimmt gar nicht.
Elfen gibt es wirklich."
„Nein!" – „Doch!" – „Nein!"
Sara findet das gar nicht lustig.

Sie weiß genau,
dass sie Recht hat.
Wenn sie es Leni
nur beweisen könnte!

Eines Tages spielen Leni und Sara
im Garten.

Leni zeigt auf den Kastanienbaum
und ruft: „Wer zuerst oben ist!"
Sara und Leni klettern los.

Am Anfang ist Leni schneller,
aber Sara holt bald auf.
Die Baumkrone ist schon ganz nah.
„Ich gewinne!", ruft Sara.

Plötzlich kracht hinter ihr ein Ast.
„Hilfe!", schreit Leni.
„Ich rutsche ab."
Sofort kehrt Sara um.

Doch bevor sie Leni retten kann,
sausen vier kleine Elfen herbei.

Zwei Elfen greifen unter Lenis Arme,
zwei packen sie an den Füßen.

Dann fliegen sie mit ihr
von Ast zu Ast nach unten.

Sanft und sicher setzen die Elfen
Leni auf der Wiese ab,
winken und flattern wieder davon.

Sara springt neben Leni
auf den Boden.

Sie zwinkert Leni zu.
„Glaubst du mir jetzt endlich,
dass es Elfen gibt?"

Leni strahlt. „Ja! Und sie sind noch
viel, viel toller als im Märchen."

# Stella traut sich doch

Stella findet es toll
im Schullandheim.
Wenn Mirko nur nicht wäre!

Immer wieder taucht er plötzlich
hinter ihr auf und macht: „Huh!"

Dann erschrickt Stella furchtbar,
und Mirko ruft:
„Angsthase, Pfeffernase!"

Am liebsten würde Stella Mirko
auf den Mond schießen.

Aber er ist leider immer dabei,
auch bei der Fackelwanderung.

Im Wald ist es dunkel.
Die Bäume werfen lange Schatten.

Plötzlich huscht etwas
vor Stellas Füße.
„Aaaah!", schreit Stella.

Mirko lacht.
„Das war doch nur ein Igel.
Angsthase, Pfeffernase!"
Stella streckt Mirko die Zunge raus.
Die Schüler gehen weiter.

Irgendwann ruft Mirko:
„Ich hab meine Uhr verloren!"
„Ich suche sie", sagt Stella sofort.

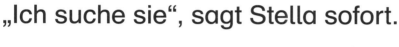

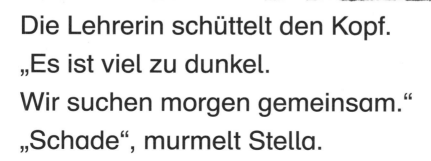

Die Lehrerin schüttelt den Kopf.
„Es ist viel zu dunkel.
Wir suchen morgen gemeinsam."
„Schade", murmelt Stella.

Jetzt hätte sie Mirko zeigen können,
dass sie kein Angsthase ist!

Stella stapft langsam vor sich hin.
Auf einmal ist es still.

Die Klasse ist weg!
Stella erschrickt.
Sie hält sich an ihrer Fackel fest
und fängt an zu singen.

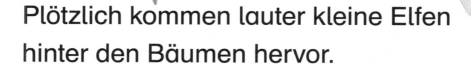

Plötzlich kommen lauter kleine Elfen
hinter den Bäumen hervor.

Sie fliegen neben Stella her
und singen mit – so wunderschön,
dass Stella vergisst, Angst zu haben.
„Danke!", flüstert sie.

Da sieht sie vor sich auf dem Boden
etwas glitzern: Mirkos Uhr!
Stella hebt die Uhr auf.

Dann hört sie die Lehrerin rufen.
Stella rennt los. „Ich komme!"

„Du hast meine Uhr gefunden,
cool!", sagt Mirko.

Vielleicht muss Stella ihn
doch nicht auf den Mond schießen.

# Wenn zwei sich streiten

Nachts träumt Marit
von den frechen Elfenschwestern
aus ihrem Lieblingsbuch.

„Gib den Glitzerring her!",
sagt Flora.
Elli schüttelt den Kopf.
„Mir steht er viel besser als dir."

„Nein, mir steht er besser!",
ruft Flora. „Ich hol ihn mir!"

Flora schreit so laut,
dass Marit aufwacht.

Plötzlich springt Elli aus dem Buch.
Flora springt hinterher.
„Ich krieg dich!", brüllt sie.

Marit reibt sich die Augen.
Die Elfenschwestern fliegen
mitten durch ihr Zimmer!

„Aua!", brüllt Elli. „Meine Haare!"

Jetzt muss Marit aber mal was tun.

„Halt, stopp!", ruft sie.

„Teilt euch doch den Ring."

Die Elfen streiten einfach weiter.

Der Glitzerring fällt auf den Boden.
Flora und Elli merken es nicht mal.

Marit hebt den Ring auf und sagt:
„Hier, ihr habt was verloren!"
Keiner antwortet.

Der Glitzerring ist wirklich schön.

Marit probiert ihn an.

Plötzlich funkelt der Ring

in allen Regenbogenfarben.

Da kommen Flora und Elli angesaust.
„Dir steht der Ring am allerbesten!",
sagt Flora.
Elli nickt. „Da hast du Recht."

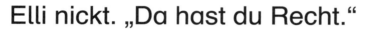

Dann sagen sie gleichzeitig:
„Wir schenken dir den Ring!"
Marit wird rot. „Oh, danke!"

Flora stupst Elli an.
„Los, komm! Wir müssen nach Hause."
Die Elfenschwestern springen
zurück ins Buch.

„Bis bald!", sagt Marit
und winkt mit ihrem Glitzerring.

**Betina Gotzen-Beek** zählt derzeit zu den beliebtesten Kinderbuchillustratorinnen. Mit ihren pfiffigen Zeichnungen hat sie zahlreichen Erstlesetiteln und Bilderbüchern einen unverwechselbaren Charme verliehen. Seit 1996 ist sie als freiberufliche Illustratorin tätig. Vorher hat sie Grafikdesign studiert und zeitweise auch als Floristin, Köchin und Verkäuferin gearbeitet.

**Henriette Wich**, geboren 1970, stammt aus Landshut. Nach dem Studium der Germanistik und Philosophie arbeitete sie zunächst mehrere Jahre als Lektorin in Kinderbuchverlagen, bevor sie sich 2000 als Autorin selbstständig machte. Seither hat sie schon zahlreiche Kinder- und Jugendbücher bei verschiedenen Verlagen veröffentlicht.

# Leserätsel

## mit dem Leseraben

Hast du die Geschichten ganz genau gelesen?
Der Leserabe hat sich ein paar spannende
Rätsel für echte Lese-Detektive ausgedacht.

# Rätsel 1

In dieser Buchstabenkiste haben sich vier Wörter
aus den Geschichten versteckt. Findest du sie?

| F | M | E | L | F | E | S |
|---|---|---|---|---|---|---|
| A | L | R | T | Z | C | V |
| C | L | P | L | I | R | B |
| K | I | U | H | R | I | G |
| E | Ü | M | N | C | N | F |
| L | Q | H | W | R | G | D |

**46**

# Rätsel 2

Der Leserabe hat einige Wörter aus den
Geschichten auseinandergeschnitten.
Immer zwei Teile ergeben ein Wort.
Schreibe die Wörter auf ein Blatt!

-gen        Gar-

Mär-                        -chen
          -ten

    flie-            -len        spie-

# Rätsel 3

In diesem Satz von Seite 10 sind sieben falsche
Buchstaben versteckt. Lies ganz genau und trage
die falschen Buchstaben der Reihe nach in die
Kästchen ein.

Auff derr Fensterbanke sitzt
einu winzignes Mädchen
mitd Flüegeln.

| 1 | 2 | 3 | 4 | 5 | 6 | 7 |
|---|---|---|---|---|---|---|
|   |   |   |   |   |   |   |

THiLO

# Im Elfenwald

## Mit Bildern von Almud Kunert

# Inhalt

Traurige Ferien 52

Ein zauberhafter Flug 60

Eine schwere Aufgabe 70

Im Palast der Elfenkönigin 76

Leserätsel 90

# Traurige Ferien

Langsam ruckelt der Reisebus
durch den Wald.
Anna schaut traurig
aus dem Fenster.

**52**

Dabei hatte sie sich so
auf ihre Ferien gefreut!
Zusammen mit vielen anderen Kindern
fährt sie ins Sommerlager.

Eigentlich sollte ihre beste Freundin
mitkommen.
Aber jetzt hat Maike die Masern!

Die anderen Mädchen lachen
und spielen Karten.
Anna kennt niemanden.

Als der Bus ankommt,
stürmen alle Mädchen
zum Tischtennisraum.
Keiner fragt,
ob Anna mitspielen will.

Geknickt geht Anna
hinters Haus.
Sie muss an Maike denken.
Und ganz viel an Mama und Papa.

„Hoffentlich sind die Ferien
bald vorbei!", klagt Anna.
Bekümmert hockt sie sich
auf einen dicken Stein.

„Pssst!", wispert da plötzlich
eine feine Stimme.

Anna traut ihren Augen nicht.
Zwei Elfen tanzen um ihren Kopf!
Beide nur so groß wie ein Daumen.

„Ich heiße Bruna!",
stellt sich die blonde Elfe vor.
„Und das ist Amanda!"

Die Elfe mit den schwarzen Haaren
setzt sich auf Annas Hand.
„Du musst uns helfen!", bittet sie.
„Es geht um unsere Königin!"

Anna staunt.
„Aber wie?", fragt sie.
„Mund auf!", kommandiert Amanda.

Dann wirft die Elfe Anna
eine Beere in den Mund.
Es macht BUFF!
und Anna ist genauso klein
wie die Elfen!

# Ein zauberhafter Flug

Anna schüttelt verwirrt den Kopf.
Der Fliegenpilz neben ihr ist jetzt
so groß wie ein Baum!

„Lass mich mal durch!",
ruft eine Schnecke.
„Ich kann nicht bremsen!"

Amanda kichert.
„Du machst aber
ein komisches Gesicht!",
sagt sie.

Beide Elfen geben Anna die Hand.
Dann fliegen sie
über eine bunte Blumenwiese.
In der Luft flattern
viele Schmetterlinge.

„Was ist denn eigentlich los?",
fragt Anna nach einer Weile.

Bruna und Amanda sehen sie ernst an.
„Königin Liliana ist krank!",
berichtet Amanda besorgt.

„Alle Elfen suchen
die lila Zauberblume",
erzählt Bruna.
„Nur ihre Blätter
können Liliana heilen!"

Anna runzelt die Stirn.
„Oje!", stöhnt sie. „Mit Blumen
kenne ich mich nicht gut aus!"

Bruna schüttelt den Kopf.

„Wir haben die Blume schon gefunden",
antwortet die Elfe.

„Aber es gibt da ein Problem!"

Vorsichtig landen die Elfen
an einer Felsspalte.
Anna schielt in die Tiefe.
Da blitzt etwas lila!

„Das ist die Zauberblume!",
klärt Bruna auf.
„Aber die Spalte ist zu eng,
um hineinzufliegen!"

Bruna legt ihren Arm
um Annas Schulter.
„Nur zu dritt können wir
die Zauberblume pflücken."

Als sich Anna umdreht,
schreit sie laut auf.
Hinter ihnen lauert
eine riesige Spinne!

# Eine schwere Aufgabe

„Schnell weg hier!", kreischt Anna.
„Die Spinne will uns fressen!"
Schnell springt sie
hinter einen Steinpilz.

Amanda und Bruna kringeln sich
vor Lachen.
Und die Spinne lacht lauthals mit.

Amanda holt Anna aus ihrem Versteck.
„Das ist unsere Freundin Spinderella,
die sechsbeinige Zauberspinne!"

Spinderella nickt.

Sie hat besonders dicke Fäden gesponnen.

„Die leihe ich euch!", brummt sie.

Die Elfen binden Anna zwei Fäden
um den Bauch.
Dann lassen sie
das Menschenmädchen
in die Tiefe gleiten.

Tiefer und tiefer geht es hinab
in die Spalte.
Annas Herz klopft wild.

Endlich erreicht sie
die lila Zauberblume.
„Ich hab sie!", ruft Anna fröhlich.

Mit vereinten Kräften ziehen die Elfen
ihre Freundin wieder nach oben.
Sogar Spinderella hilft mit.

Vor Freude hüpfen und tanzen alle
durch den Klee.

„Schluss jetzt!", mahnt Bruna.
„Liliana kann nicht länger warten!"

# Im Palast der Elfenkönigin

Wie der Wind fliegen die Elfen
durch den Wald.

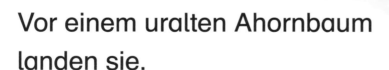

Vor einem uralten Ahornbaum
landen sie.
Unter seinen Wurzeln ist ein Loch.
„Das ist der Eingang zum Palast!",
erklärt Bruna.

Lange wandern die drei
durch die Gänge.
Glühwürmchen leuchten ihnen.

Endlich kommen sie
in einen großen Saal.
Anna steht der Mund auf
vor lauter Staunen.

Der ganze Raum ist
ein einziger Kristall!
Er leuchtet wie ein Regenbogen.

„Verehrte Königin!", säuselt Amanda.
Mitten im Saal steht
ein großes Himmelbett.

Unter einem Ahornblatt liegt Liliana.
Die Elfenkönigin ist wunderschön,
findet Anna.
Aber ihr Gesicht ist blass.

„Das Menschenmädchen hat
deine Medizin gepflückt!", sagt Bruna.
Langsam geht Anna zu dem Bett.

Sie nimmt ein Blütenblatt.
Vorsichtig schiebt sie es der Königin
zwischen die bleichen Lippen.

Schon nach den ersten Bissen
lächelt Liliana.
Und als die ganze Blume verzehrt ist,
setzt sie sich auf.

„Du bist ein gutes Kind!",
haucht sie Anna entgegen.
„Ich werde dir deinen größten Wunsch
erfüllen!"

Mit einer tiefen Verbeugung
verabschiedet sich Anna.

„Was soll ich mir bloß wünschen?",
grübelt Anna.
Vom Rückflug bekommt sie
gar nichts mit.

„Wir sind da!", ruft Amanda plötzlich.
Sie stehen vor einem großen Haus.

„Ach ja!", fällt es Anna wieder ein.
„Ich bin ja im Sommerlager!"

„Mund auf!", kommandiert Amanda.
Sie wirft Anna eine Beere
in den Mund.
BUFF! ist sie wieder
so groß wie früher.

„Vielen Dank noch mal!",
wispern die beiden Elfen.
„Und guck nicht so traurig!"
Dann schwirren sie davon.

„Am besten wünsche ich mich
nach Hause!", denkt Anna.
Da steht mit einem Mal Lisa vor ihr.
Das Mädchen saß im Bus neben Anna.

„Hey, da bist du ja, Anna", sagt sie.
„Ich habe dich schon überall gesucht.
Spielst du mit Verstecken?"

Anna lacht.

Eine Freundin –

das war wirklich ihr größter Wunsch!

„Gern!", stimmt Anna zu.

„Manche Dinge kann man eben

nicht allein machen!"

**Almud Kunert** wollte schon immer Illustratorin werden. Während ihres Kunststudiums in München arbeitete sie zunächst in verschiedenen Werbeagenturen, bevor sie sich dann auf das Illustrieren von Kinderbüchern verlegte. Sie liebt es, mit ihren Bildern Geschichten zu erzählen, die ganz eigenen zauberhaften Gesetzen folgen. Gerne würde sie auch einmal eine Zeitreise ins Mittelalter unternehmen.

**THiLO** verbrachte einen Großteil seiner Kindheit in der elterlichen Buchhandlung zwischen Pippi Langstrumpf und Räuber Hotzenplotz – die optimale Vorbereitung auf die spätere Laufbahn als Kinderbuchautor. Nach dem Studium der Publizistik machte er zunächst mit seiner Kabarettgruppe „Die Motzbrocken" von sich reden. Daneben arbeitete er für Funk und Fernsehen und schrieb u.a. Drehbücher für „Sesamstraße" und „Bibi Blocksberg". Heute lebt er mit seiner Frau und seinen vier Kindern in Mainz. Mehr über THiLO gibt's unter www.thilos-gute-seite.de.

# Leserätsel

**mit dem Leseraben**

Hast du die Geschichte ganz genau gelesen?
Der Leserabe hat sich ein paar spannende
Rätsel für echte Lese-Detektive ausgedacht.

# Rätsel 1

In dieser Buchstabenkiste haben sich vier Wörter
aus der Geschichte versteckt. Findest du sie?

| E | L | F | E | A | S | U |
|---|---|---|---|---|---|---|
| P | M | D | Z | T | P | Ä |
| K | Ö | N | I | G | I | N |
| G | C | A | R | I | N | M |
| Y | B | W | N | L | N | P |
| B | L | U | M | E | E | U |

**90**

# Rätsel 2

Der Leserabe hat einige Wörter aus der
Geschichte auseinandergeschnitten.
Immer zwei Silben ergeben ein Wort.
Schreibe die Wörter auf ein Blatt!

Freun-

Bee-

Ver-

-din

-pilz

-re

Stein-

-steck

# Rätsel 3

In diesen Sätzen von Seite 60 sind acht falsche
Buchstaben versteckt. Lies ganz genau und trage
die falschen Buchstaben der Reihe nach in die
Kästchen ein.

Annak schrüttelt verwirrt dien Kopf.
Der Fliegsenpilz neben tihr ist jetzat
so groß wiel ein Blaum.

| 1 | 2 | 3 | 4 | 5 | 6 | 7 | 8 |
|---|---|---|---|---|---|---|---|
|   |   |   |   |   |   |   |   |

Markus Grolik

# Elfi Zauberfee
## und das Einhorn

# Inhalt

Im Zauberwald      96

Retterin gesucht!      106

Eine abenteuerliche Suche      116

Und was nun?      124

Leserätsel      134

## Im Zauberwald

Langsam geht die Sonne
hinter den Bergen unter.
Wie jeden Abend
laufen die Einhörner
zu einem geheimen Pfad.

Der Pfad führt zum Kristallsee.

Dort wartet ein alter Mann.

Es ist der Zauberer Merlin.

Merlin ist der Hüter der Einhörner.
Mit seinem Floß bringt er
die Einhörner nach Hause
auf die Insel der Nebel-Elfen.

Das kleine Einhorn Goldhuf trödelt.
Es bleibt stehen, schnuppert
und hebt den Kopf.

Aus dem Wald duftet es
nach Zuckerfarn.
Das ist die Lieblingsspeise
des kleinen Einhorns.

Zuckerfarn habe ich so lange
nicht **mehr** gefressen,
überlegt das kleine Einhorn
und **verlässt** den Weg.

Goldhuf läuft in den Zauberwald.
Mitten auf einer Lichtung
findet das kleine Einhorn Zuckerfarn.

„Hm, schmeckt lecker!",
schmatzt Goldhuf glücklich.

Das kleine Einhorn schaut sich um.

Nebel kriecht über den Waldboden.

Der Weg ist nicht mehr zu sehen.

Goldhuf bekommt Angst.
„Ich muss schnell nach Hause",
wiehert Goldhuf und läuft los.

„Wo seid ihr?", ruft Goldhuf
nach den anderen Einhörnern.
Niemand antwortet.
Ein Rabe krächzt in den Bäumen.

Goldhuf erschrickt
und läuft schnell davon.
„Halt, bleib doch stehen!",
ruft der Rabe.
Doch Goldhuf rennt tiefer
in den Zauberwald hinein.

**Retterin gesucht!**

Am Rande des Zauberwaldes
liegt eine große Wiese.
Dort steht das Feenschloss.

Im Schloss lebt Elfi Zauberfee
mit ihrer Mutter.
Elfi hilft ihrer Mutter,
die Tasche mit Feenstaub zu füllen.
Elfis Mutter fliegt jede Nacht
in die Stadt zu den Menschen,
um Wünsche zu erfüllen.

Elfis Mutter nimmt die Tasche
mit Feenstaub
und gibt Elfi einen Gutenachtkuss.
Dann fliegt sie los.
Elfi winkt ihr noch lange nach.

Elfi krabbelt in ihr Blütenbett
und träumt von der Feenschule.
„In der Feenschule lerne ich
zaubern und Wünsche erfüllen,
auch ganz schwierige."

Elfi gähnt und kuschelt sich
in ihr Kissen.

„Hilfe! Ich brauche Hilfe!",
krächzt der Rabe.

„Was ist denn passiert?",
fragt Elfi.

„Ein kleines Einhorn hat sich
im Zauberwald verlaufen.
Ich wollte ihm helfen,
aber es hatte Angst vor mir.
Nur eine Zauberfee kann ihm helfen",
sagt der Rabe aufgeregt.

„Mama ist nicht da", erwidert Elfi.
„Dann komm du! Schnell!",
krächzt der Rabe.

„Aber ich bin noch gar keine
richtige Zauberfee", sagt Elfi.
„Ich lerne erst,
Wünsche zu erfüllen."

„Macht nichts. Hauptsache,
du kommst mit
und hilfst das Einhorn suchen",
sagt der Rabe.
Elfi überlegt.

„Wir haben keine Zeit zu verlieren",
krächzt der Rabe
und flattert zum Fenster.

Elfi springt aus dem Bett
und zieht ihre Schuhe an.

„Da geht's lang!", ruft der Rabe
und zeigt Elfi den Weg
in den Zauberwald.

Schließlich landet der Rabe
auf dem Ast einer Buche.

„Da unten habe ich das Einhorn
zuletzt gesehen,
bevor es weiter
in den Wald gelaufen ist",
erklärt der Rabe besorgt.

„Lass uns am Boden
weitersuchen", sagt Elfi.

# Eine abenteuerliche Suche

Elfi und der Rabe klettern
über Wurzeln und Steine.

„Da drüben ist eine Höhle.
Vielleicht ist das Einhorn
da hineingelaufen!",
ruft Elfi und fliegt zum Eingang.

„He, was macht ihr hier?",
brummt ein Bär.
„Wir suchen ein Einhorn.
Kannst du uns helfen?",
fragt Elfi.

„Hier ist kein Einhorn.
Sucht gefälligst woanders",
knurrt der Bär.

„Was machen wir jetzt?",
fragt Elfi ratlos.

Da raschelt es im Gebüsch.
„Kann ich euch helfen?",
fragt ein Hase.

„Hast du ein kleines Einhorn
gesehen?", fragt Elfi.
Der Hase schüttelt den Kopf.
„Schade", seufzt Elfi enttäuscht.

„Fragt mal das Eichhörnchen.
Das kommt viel herum
und kriegt alles mit", sagt der Hase
und deutet auf den Wipfel
einer hohen Tanne.

„Hallo, kannst du uns helfen?",
fragt Elfi.
„Sucht ihr vielleicht ein Einhorn?",
fragt das Eichhörnchen.

„Ja, hast du es gesehen?",
fragt Elfi.
„Es hat sich im Gestrüpp verfangen.
Kommt, ich zeige euch, wo es ist",
erklärt das Eichhörnchen.

Flink springt das Eichhörnchen
von Ast zu Ast.
„Nicht so schnell!", ruft Elfi.

Das Eichhörnchen klettert
einen Stamm hinunter und winkt:
„Da drüben ist es!"

„Ich bin Elfi Zauberfee.
Ich bin gekommen,
um dir zu helfen", sagt Elfi.

„Ich heiße Goldhuf.
Mein Bein ist in einer Wurzel
eingeklemmt",
schnaubt das Einhorn erschöpft.

Elfi tastet vorsichtig
nach Goldhufs Vorderfuß.
Er sitzt in einer Schlingwurzel fest.

Sosehr sich Elfi auch anstrengt,
der Fuß lässt sich nicht befreien.

# Und was nun?

„Ich bin nicht stark genug,
um dich zu befreien", seufzt Elfi.
„Aber du bist doch eine Zauberfee",
wiehert Goldhuf.
„Zaubern muss ich erst lernen",
sagt Elfi leise.

„Wir brauchen jemanden,
der uns hilft", krächzt der Rabe.
„Aber wen denn?", schnaubt Goldhuf.

„Jemanden, der richtig stark ist",
überlegt der Rabe.
Elfi lacht.
„Genau, und zwar bärenstark."

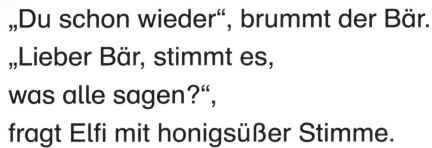

„Du schon wieder", brummt der Bär.
„Lieber Bär, stimmt es,
was alle sagen?",
fragt Elfi mit honigsüßer Stimme.

„Was denn?",
fragt der Bär.
„Dass du soo stark bist", sagt Elfi.
„Bääärenstark!" Der Bär nickt.
„Kannst du mir das zeigen?",
fragt Elfi.
„Und wie?", überlegt der Bär.

„Komm einfach mit", sagt Elfi
und der Bär tapst hinter ihr her.

„Keine Angst, der Bär tut dir nichts",
beruhigt Elfi Goldhuf.
Mit seinen Pranken biegt der Bär
die Wurzel auseinander.
Goldhuf wiehert erleichtert:
„Danke."

Elfi schaut sich den wunden Fuß
des Einhorns an.
„Das muss ich verbinden", sagt sie.

Der Rabe und das Eichhörnchen
holen Misteln aus den Bäumen.
Elfi macht damit einen Verband.

Der Bär hat eine Trage gebaut.
Gemeinsam bringen Elfi
und die Waldtiere das Einhorn zurück
zum Kristallsee.

Am Ufer wartet der Zauberer Merlin.
Er umarmt das kleine Einhorn.
Goldhuf erzählt ihm,
was passiert ist.

„Zum Glück hat dich eine Zauberfee
gerettet", lacht Merlin erleichtert.
„Ohne meine Freunde
aus dem Zauberwald
hätte ich es
nie geschafft",
entgegnet Elfi.

Merlin bedankt sich
und bringt Goldhuf auf das Floß.

„Darf ich euch mal besuchen?",
ruft Goldhuf zum Abschied.
„Das wäre toll. Darf ich dann auch
mal auf dir reiten?", fragt Elfi.
„Versprochen!", wiehert Goldhuf.

**Markus Grolik** wurde 1965 in München geboren. Er machte eine Ausbildung zum Modegrafiker und arbeitete als Kinoplakatmaler, bevor er Kunst studierte. Neben dem Schreiben und Illustrieren von Kinderbüchern sind Comics seine große Leidenschaft. So erhielt er 2004 auf dem Comicsalon Erlangen bereits zum zweiten Mal den ICOM Independent Comic Preis.

# Leserätsel

## mit dem Leseraben

Hast du die Geschichte ganz genau gelesen?
Der Leserabe hat sich ein paar spannende
Rätsel für echte Lese-Detektive ausgedacht.

# Rätsel 1

In dieser Buchstabenkiste haben sich vier Wörter
aus der Geschichte versteckt. Findest du sie?

| F | I | E | K | B | S | E |
|---|---|---|---|---|---|---|
| E | L | N | R | A | B | E |
| E | L | E | L | I | U | E |
| W | T | B | T | U | Ä | L |
| Q | Ü | E | N | C | Z | F |
| F | A | L | R | R | A | E |

# Rätsel 2

Der Leserabe hat einige Wörter aus der
Geschichte auseinandergeschnitten.
Immer zwei Teile ergeben ein Wort.
Schreibe die Wörter auf ein Blatt!

-huf          Gold-

Mer-
              -horn            -zel

        Wur-          -lin          Ein-

# Rätsel 3

In diesem Satz von Seite 128 sind neun falsche
Buchstaben versteckt. Lies ganz genau und trage
die falschen Buchstaben der Reihe nach in die
Kästchen ein.

Derz Rabe aund duas Ebichhörnchene
horlen Misteln faus edene Bäumen.

| 1 | 2 | 3 | 4 | 5 | 6 | 7 | 8 | 9 |
|---|---|---|---|---|---|---|---|---|
|   |   |   |   |   |   |   |   |   |

# Leserätsel

## mit dem Leseraben

Super, du hast das ganze Buch geschafft!
Hast du die Geschichten ganz genau gelesen?
Der Leserabe hat sich ein paar spannende
Rätsel für echte Lese-Detektive ausgedacht.
Wenn du Rätsel 4 auf Seite 138 löst,
kannst du ein Buchpaket gewinnen!

## Rätsel 1

In dieser Buchstabenkiste haben sich vier Wörter
aus den Geschichten versteckt. Findest du sie?

| F | K | E | R | G | S | W |
|---|---|---|---|---|---|---|
| H | E | L | F | E | N | A |
| E | X | P | L | I | U | L |
| W | T | U | T | U | Ä | D |
| Q | D | A | U | M | E | N |
| M | A | R | A | B | E | L |

# Rätsel 2

Der Leserabe hat einige Wörter aus den
Geschichten auseinandergeschnitten.
Immer zwei Teile ergeben ein Wort.
Schreibe die Wörter auf ein Blatt!

Lip-     hei-

Re-

-schied

-gal

-pen

Ab-     -len

# Rätsel 3

In diesen Sätzen von Seite 62 sind sieben falsche
Buchstaben versteckt. Lies ganz genau und trage
die falschen Buchstaben der Reihe nach in die
Kästchen ein.

Beide Elfken göeben Anna die Hannd.
Danni fliegen sige
Über einie bunte Blumnenwiese.

| 1 | 2 | 3 | 4 | 5 | 6 | 7 |
|---|---|---|---|---|---|---|
|   |   |   |   |   |   |   |

# Rätsel 4

Beantworte die Fragen zu den Geschichten.
Wenn du dir nicht sicher bist, lies auf den Seiten
noch mal nach!

**1.** Um was streiten sich die Elfenschwestern Elli
und Flora? (Seite 36)

R: Um einen schönen Glitzerring.

G: Um eine silberne Halskette.

**2.** Wo findet Anna die lila Zauberblume? (Seite 66)

A: In einer engen Felsspalte.

U: Auf einer bunten Blumenwiese.

**3.** Warum steckt das Einhorn im Wald fest?
(Seite 122)

B: Sein Bein ist in einer Wurzel eingeklemmt.

L: Ein böser Zwerg hat es gefangen genommen.

**Lösungswort:**

| 1 | 2 | 3 | E |
|---|---|---|---|

# Rabenpost

Jetzt wird es Zeit für die Rabenpost! Besuch mich doch auf meiner Homepage **www.leserabe.de** und gib dort unter der Rubrik „Leserätsel" das richtige Lösungswort ein. Es warten außerdem noch tolle Spiele und spannende Leseproben auf dich! Oder schreib eine E-Mail an **leserabe@ravensburger.de**. Jeden Monat werden 10 Buchpakete unter den Einsendern verlost! Natürlich kannst du mir auch eine Karte schicken.

An den LESERABEN
RABENPOST
Postfach 2007
88190 Ravensburg
Deutschland

Ich freue mich immer über Post!

Dein Leserabe

Lösungen:
Rätsel 1: Rabe, Wald, Daumen, helfen
Rätsel 2: Regal, heilen, Abschied, Lippen
Rätsel 3: Königin

# Ravensburger Bücher

Leserabe

## 1. Lesestufe für Leseanfänger ab der 1. Klasse

ISBN 978-3-473-**36204**-2

ISBN 978-3-473-**36389**-6

ISBN 978-3-473-**36322**-3

## 2. Lesestufe für Erstleser ab der 2. Klasse

ISBN 978-3-473-**36325**-4

ISBN 978-3-473-**36372**-8

ISBN 978-3-473-**36395**-7

## 3. Lesestufe für Leseprofis ab der 3. Klasse

ISBN 978-3-473-**36329**-2

ISBN 978-3-473-**36259**-2

ISBN 978-3-473-**36399**-5

Ich habe mein nächstes Buch schon gefunden. Und Du?

www.leserabe.de

Ravensburger